Dank an Alice Musiol
Bildende Künstlerin, Atelier in Köln
Zahlreiche Ausstellungen und Ehrungen

Freihändig nach Gefühl

Versuche in Acryl

von
Franz Josef E. Becker

Fotos und Collage: Christopher Gries, griesdesign

Verlag & Druck: tredition GmbH, Hafenreie 40-44, 22359 Hamburg
ISBN 978-3-384-02884-6

Bibliographische Information der Deutschen Bibliothek:
Die Deutsche Nationalbibliothek verzeichnet diese Publikation in der Deutschen Nationalbibliografie; detaillierte bibliografische Daten sind im Internet über http://dnb.d-nb.de abrufbar.

Impuls

Gemalt habe ich schon als hoffnungsvoller Knabe, so wie ich damals auch dichtete – wie ich vermeinte. Beides habe ich nicht gepflegt. Zum Schreiben bin ich als Journalist gekommen und auch Bücher habe ich verfasst. Mit dem Malen begann ich nach einer Pause von mehr als 50 Jahren wieder und widmete mich dann weniger der Form – eigentlich überhaupt nicht – als vielmehr den Farbtönen und der Farbkomposition – alles dilettierend und mehr nach Gefühl als mit Wissen und Können.

Begleitet hat mich Widerständigen in den letzten 15 Jahren Alice Musiol. Sie fand, dass ich mit einer gewissen Wut male. Bestimmt war es Wut darüber, dass mir das nicht gelang, was ich mir vorstellte – und auch Wut über die Verhältnisse der Welt.

Betrachter meiner Acrylmalerei fanden, dass meine Bilder häufig mehr oder weniger deutlich die Sonne thematisierten – dieses furchtbare und zugleich Leben ermöglichende Gestirn. Ich finde es immer unerträglicher, wenn Meteorologen bei Wetterankündigen behaupten, das Wetter werde schön, nur weil ganztägig die Sonne scheinen wird. Angesichts von Überhitzung, Dürre und Flächenbränden ist eine solche Ansage katastrophal. Wo bleibt das Votum für Regen und Kühle?

Der hier vorgelegten Zusammenstellung ging eine Collage von Acrylbildern voraus, die meine Frau, der ich sehr dafür danke, zusammen mit einem Grafiker zu einem Plakat vereinigte. Ich gestehe: Ich war beeindruckt. Und da ich das Plakat nicht überall hin mitnehmen kann, habe ich dessen Bilder – und einige mehr – zu diesem Büchlein vereinigt.

Mit Danke denke ich an die Zeit im Atelier von Alice Musiol und an die mit mir mit unterschiedlichen Themen, Materialien und Stilen sich befassenden Personen. Ich bin dankbar für die Stimmung, die ich dort erlebte und glücklich wegen der Vielfalt der Möglichkeiten, die ich bei meinen wohlmeinenden Malfreundinnen und –freunden sah.

Auch meine simple Malerei zehrte an meinen emotionalen und physischen Kräften, was ich hin und wieder als Lustlosigkeit bezeichnete. Im Malerkreis um Alice Musiol und durch sie erfuhr ich immer wieder Aufmunterung. Und manchmal dachte ich: Beuys hat doch recht: Jeder Mensch ist ein Künstler – zumindest doch wohl ein Lebenskünstler.

Die Bilder haben keine Titel, allerdings lagen einigen von ihnen Bedeutungsvorstellungen zugrunde oder sie wurden angeregt durch Assoziationen zu anderen Kunstwerken, zu Tagesereignissen, zu erinnerten Wander- und Reiseerlebnissen.

Der nächtliche Sternenhimmel (S. 9, unten) ist ein Versuch in Anlehnung an die Sternennachtbilder – „Sternennacht über der Rhone" und „Café-Terrasse in Arles" – von Vincent Van Gogh. Landschaftsbilder sind teils eindeutig in ihrem Bezug, andere spiegeln nur eine Anmutung wieder oder sollen sie vermitteln z. B. Nadelbäume in wallendem Nebel. Die Fichten (S. 10, oben) assoziieren mit herbstlichen, mehrtägigen Harzwanderungen. Im mentalen Hintergrund wirken auch Wanderlieder: Im Lied „Jeden Morgen geht die Sonne auf" heißt es in der zweiten Strophe: „Jeden Morgen aus den Wiesengründen heben weiße Schleier sich ins Licht". Und im Lied „Der Mond ist aufgegangen" wird gesungen: „Der Wald steht schwarz und schweiget und aus den Wiesen steiget der weiße Nebel wunderbar".

Der rot-gelbe Keil (S. 12, oben) hatte mental den Titel „Schuss ins Dunkle" und wurde auch so von mir in der Malgruppe, in der die meisten Bilder entstanden, benannt. Das Bild assoziiert mit Fernsehkrimis, die ich oftmals einfach so verschlafe. Mit fortlaufenden Berichten über den Ukraine-Krieg gab ich ihm innerlich die Bezeichnung „Penetrator" – nach der .mit abgreichertem Uran ausgestatteten Munition.

Laublose Bäume (S. 13, unten und S. 16, unten) oder ein einzelner davon in karger Landschaft haben ihren Ursprung in Erinnerung an Caspar David Friedrich. Die Drei Trauernden (S. 14) sind inspiriert von Ernst Barlachs Figuren zu diesem Thema. Das Spargelbild (S. 15, oben) ist selbstverständlich nichts anderes als ein laienhafter Kopierversuch des Spargelstilllebens von Manet, das sich im Wallraf-Richartz-Museum & Fondation Corboud in Köln befindet.

Das Meer- und Bergebild (S. 17) imaginiert die Erinnerung an einen Urlaub auf Sardinien und dortige Strandaufenthalte mit Blick auf die Bergwelt von See aus.

Die blaue Welle (S. 19, oben) vor ocker getöntem Hintergrund ist ausgelöst durch den Holzschnitt „Die große Welle vor Kanagawa" des japanischen Künstlers Katsushika Hokusai. Dazu kam noch die Erinnerung an einen Malversuch, der zur Qual wurde, weil jeder Versuch, den Vorschlägen zur Verbesserung zu folgen, alles nur schlimmer zu machen schien. Dieses Bild hier trotzte allen Vorschlägen.

Das Landschaftsbild (S. 20, unten) bezieht sich auf die Realitätswahrnehmung, dass strichweise niedergehende Niederschläge vom weit entfernten Beobachter oft wie Schleier in der Landschaft wahrgenommen werden können.

Lots Frau (S. 27) – schwacher Umriss im Feuerregen – nimmt natürlich Bezug zum biblischen Thema und ist inhaltlich nicht weit entfernt vom Bild „Vulkanausbruch". Katastrophen, Desaster waren unter anderem auch ein Thema in meiner langjährigen, beruflichen technikgeschichtlichen Beschäftigung. Deren Charakter ist die hoffnungslos unüberwindliche Ohnmacht des Homo Fabers gegenüber seinen technischen Machtmitteln entgleitenden Prozessen in Natur und technischen Artefakten.

Das Bild Lots Frau ist auch mit der Vorstellung verknüpft, dass, wer angesichts der katastrophischen Aspekte des Klimawandels sorgenvoll und wehklagend auf aktuelle Wohlstandsszenarien blickt, rückwärtsgewandt sich verhält, bereits erstarrt die Zukunftsfähigkeit verliert oder schon verloren hat. Aus dem traumseligen Blick nach rückwärts resultiert die Mutlosigkeit der Hoffnungslosen. Aus einem Freiheitsverständnis, das eher dem von Nietzsche kritisierten Lustleben – ein Lüstchen am Morgen und eines Abend – ähnelt, resultiert die Zögerlichkeit gegenüber Veränderungen. Dabei gilt objektiv: Kein Ding hat Bestand.

Manche Bilder wurden einfach nur als schön empfunden wie etwa das Blatt mit herbstlich variierten Rottönen (S. 20) – in Erinnerung an eine Herbstwanderung auf dem Rotweinwanderweg im Ahrtal – oder das Blatt Blau-Grün (S. 24, oben).

Die Präsentation der Versuche oder Experimente in diesem Buch ist einerseits der optischen Selbstvergewisserung des Autors zu verdanken und zum anderen auch als Ermutigung an jeden Einzelnen gedacht, die bildliche Ausdrucksfähigkeit zu erproben. Und da gilt: In einer Gruppe mit Menschen, die ähnliches versuchen und einer Anleitung, die Themen und Materialfreiheit gewährt, ist für solche Versuche der richtige Platz.

Die Collage auf S. 33 war die Grundlage des erwähnten Plakats mit 15 Bildern.

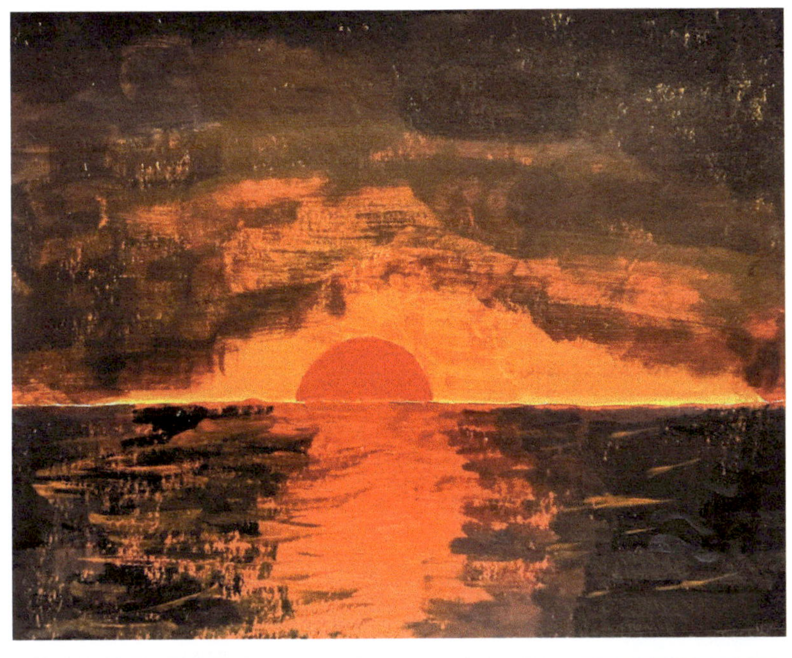

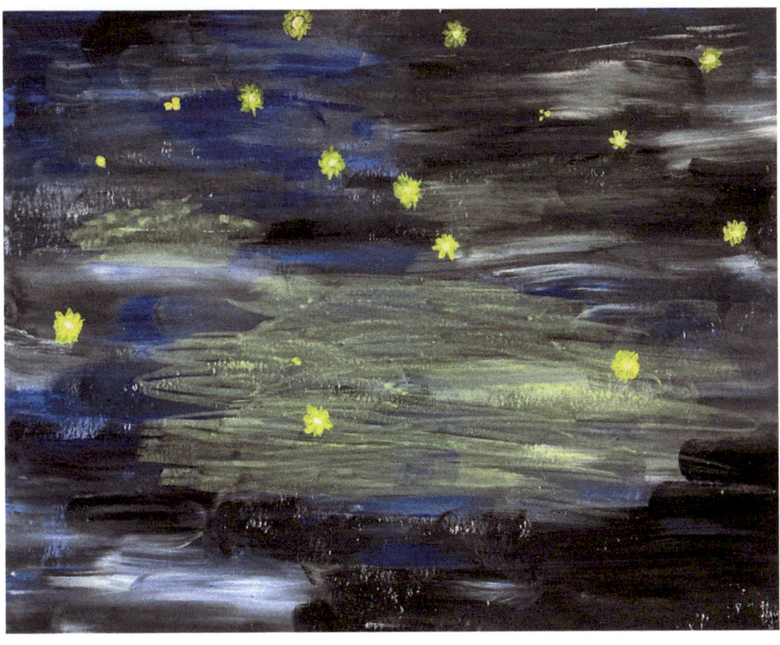

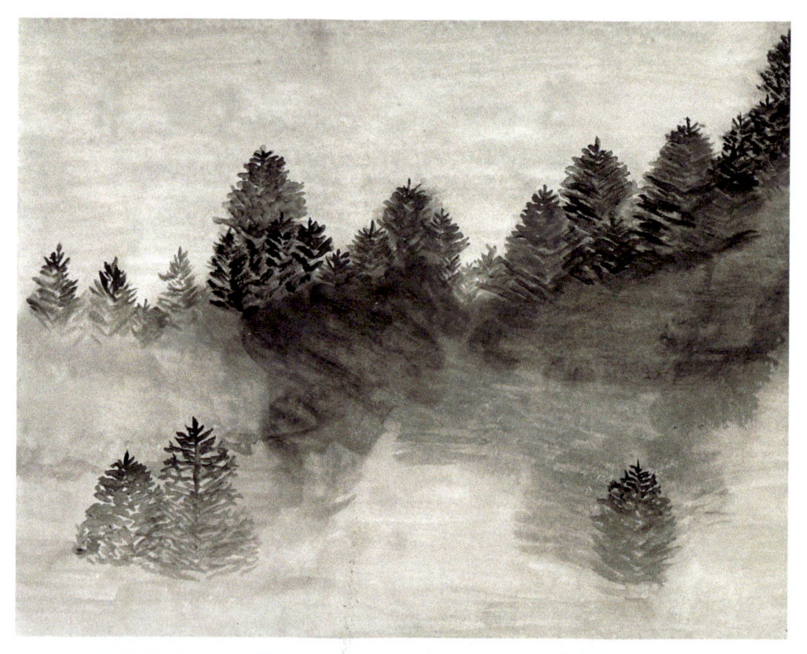

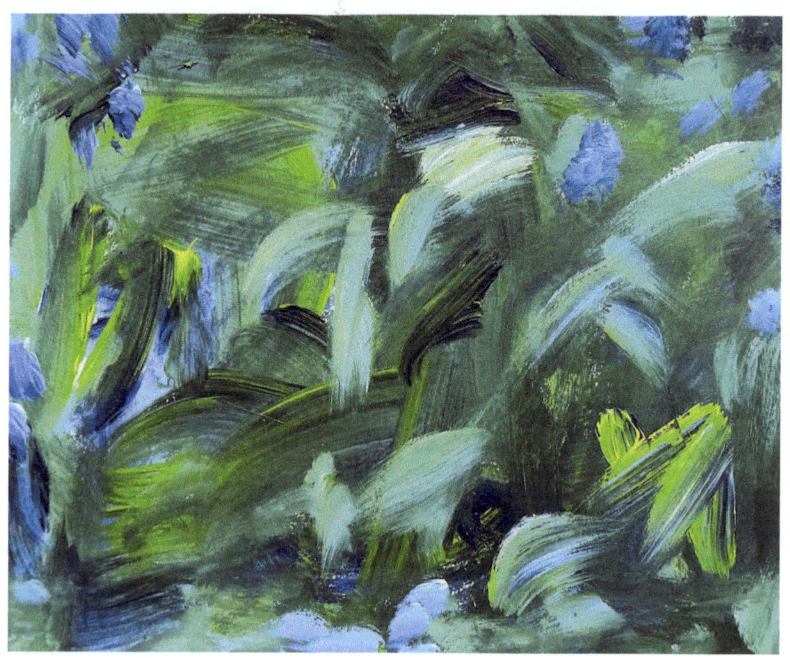

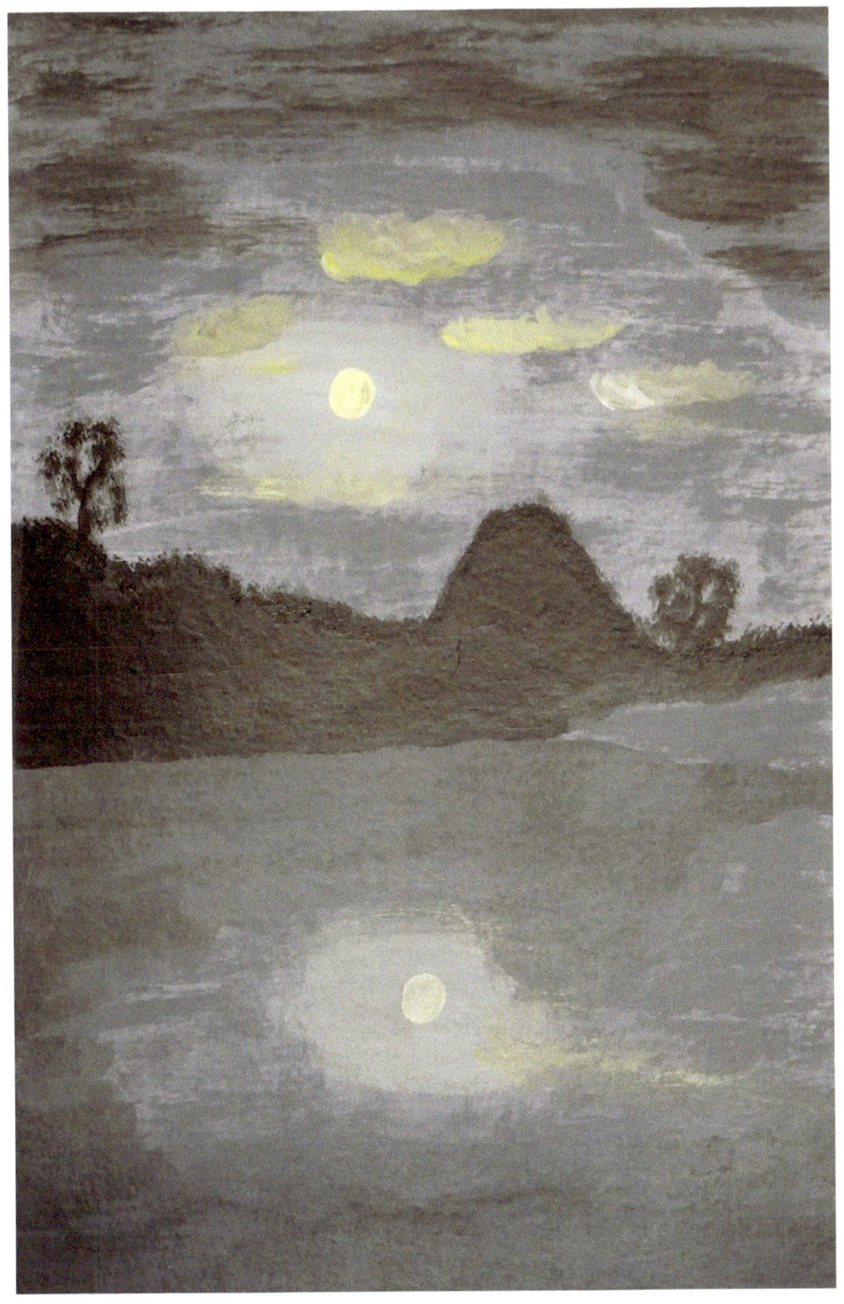

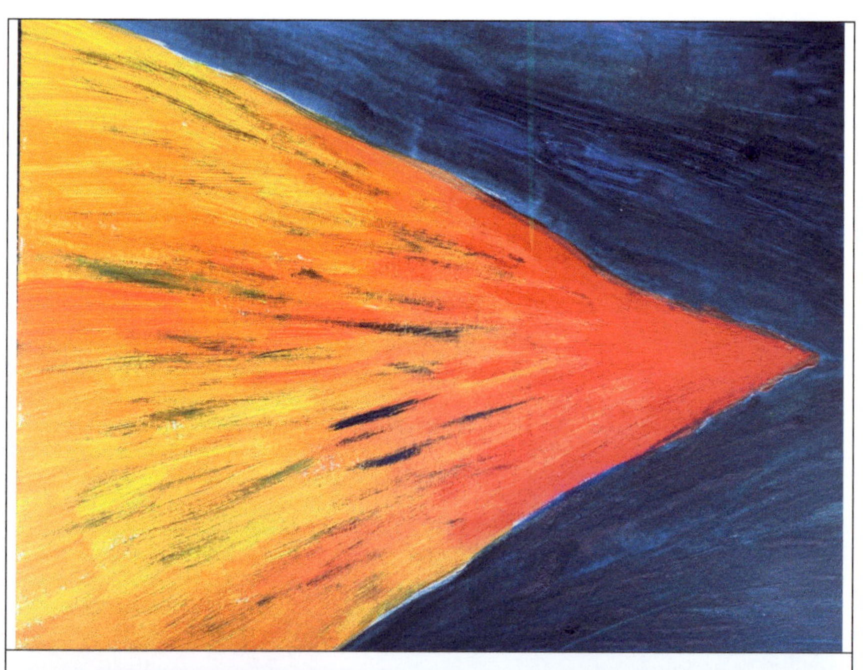

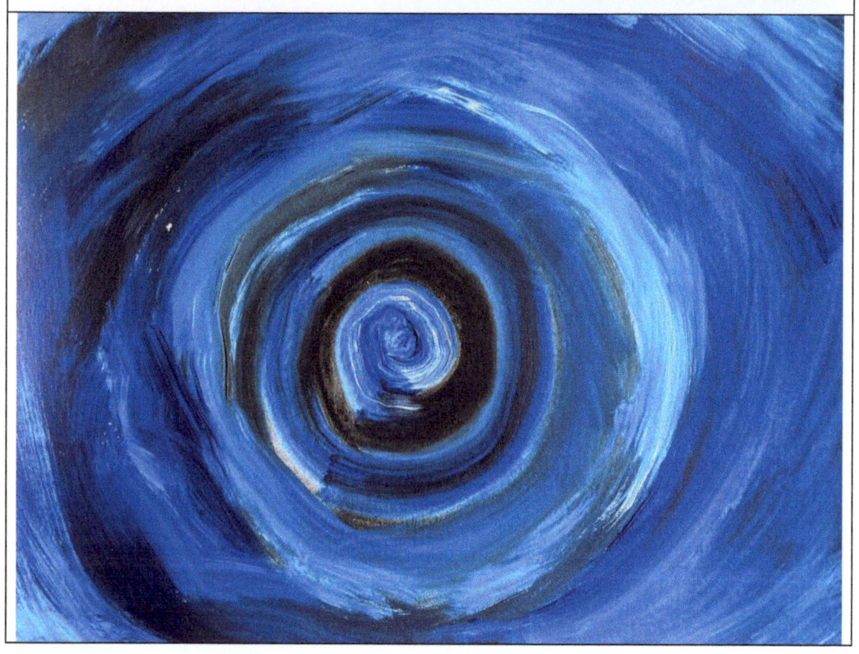

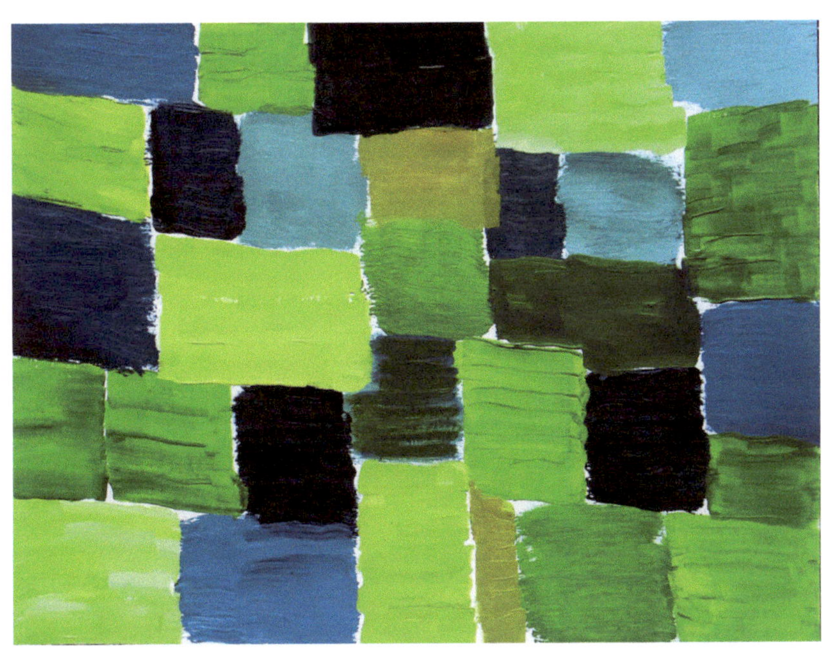

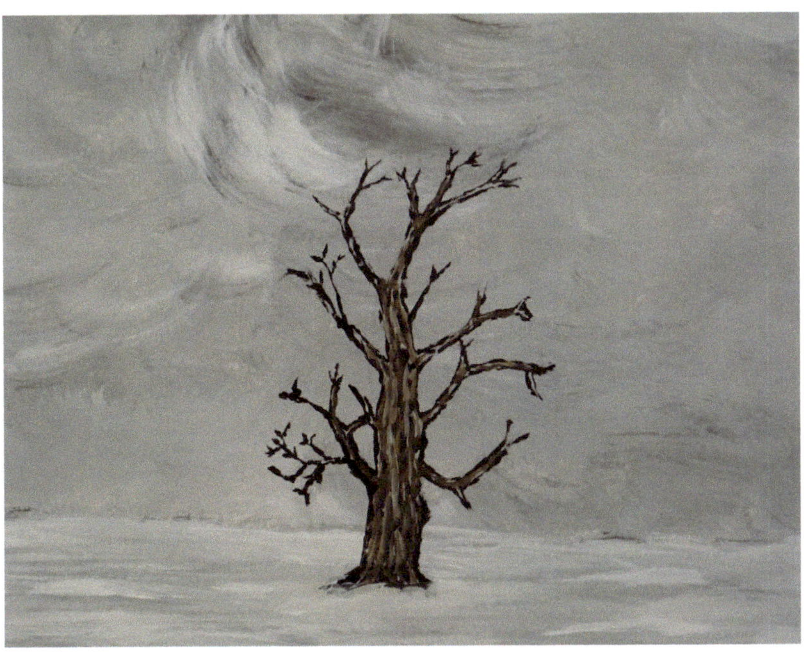

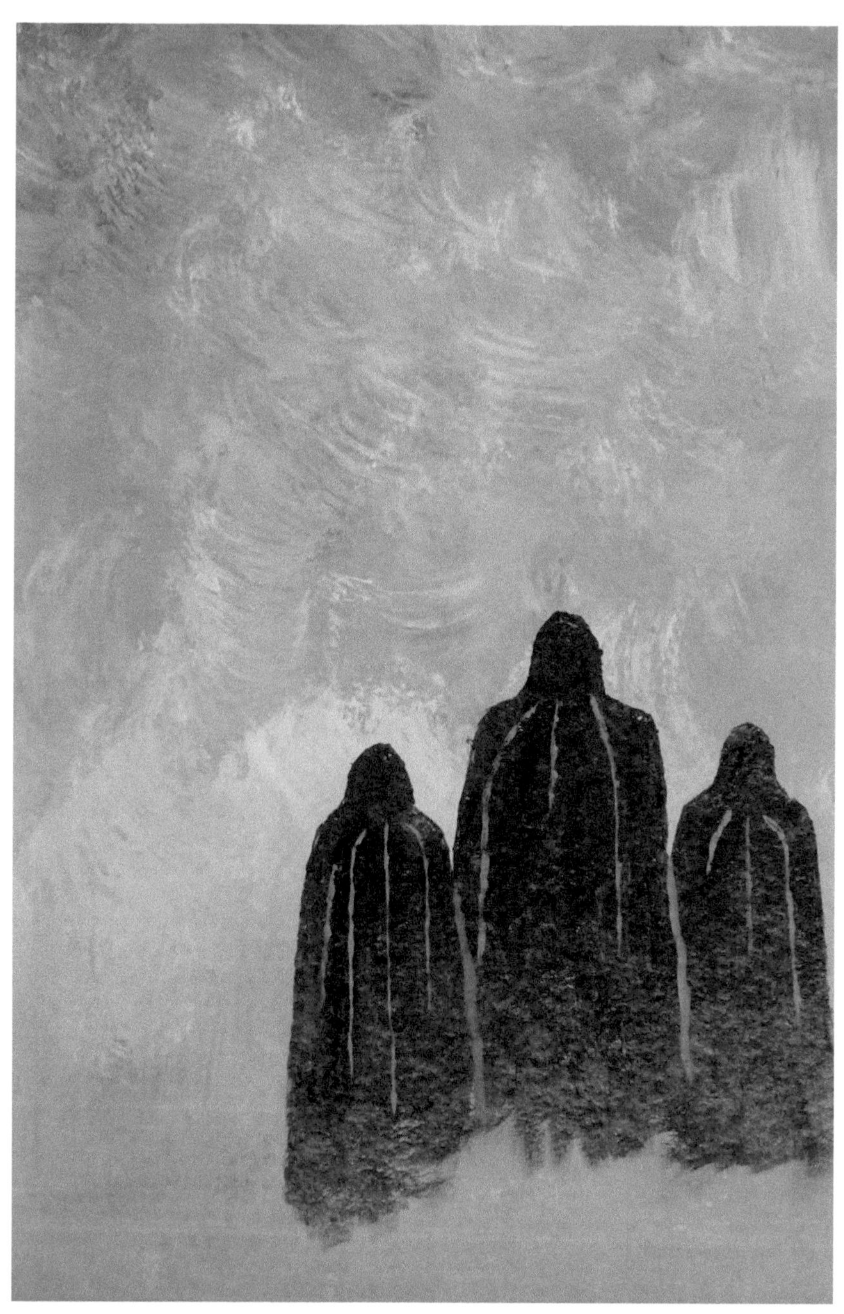

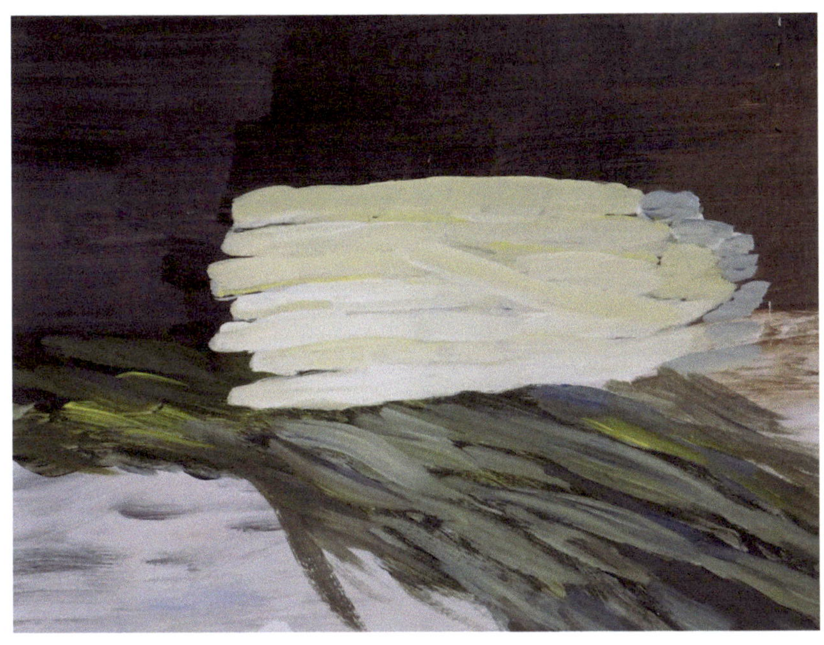

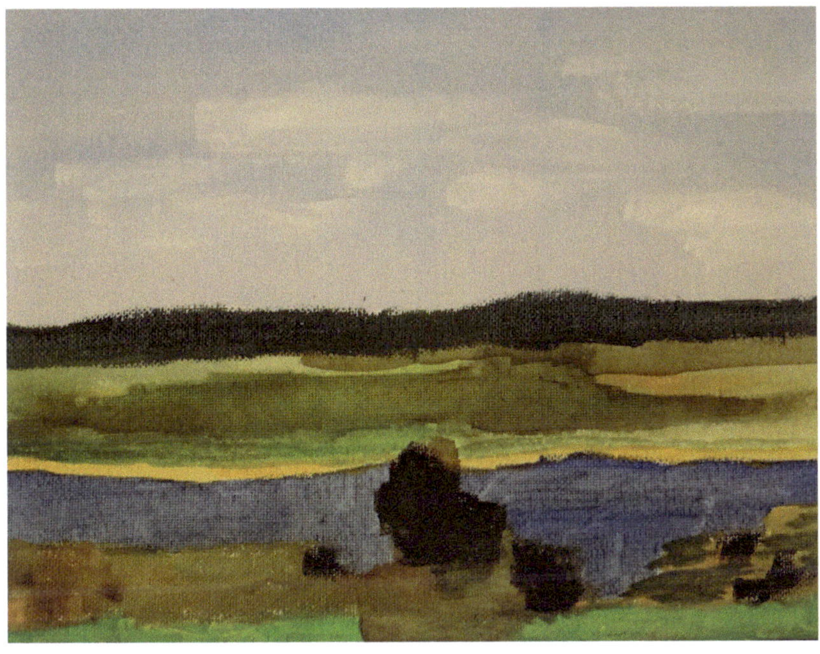

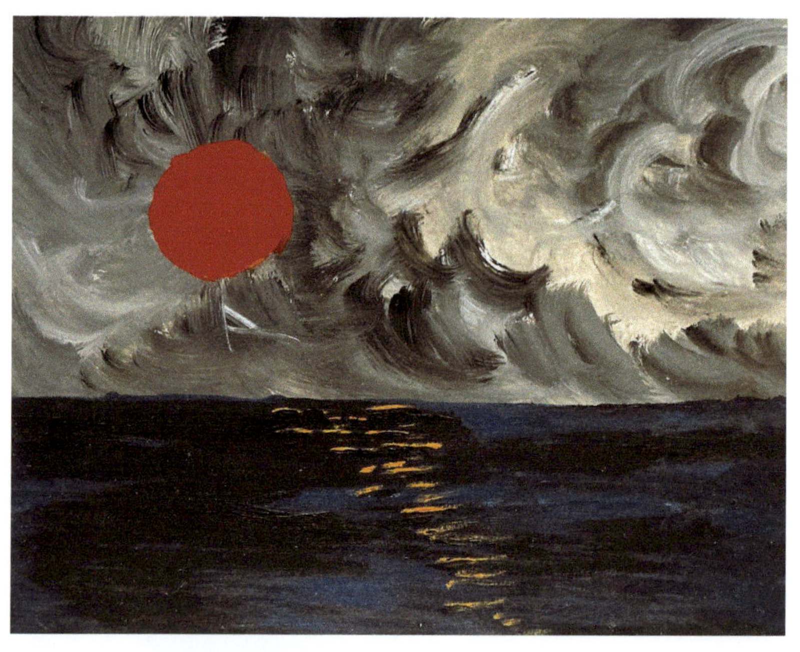

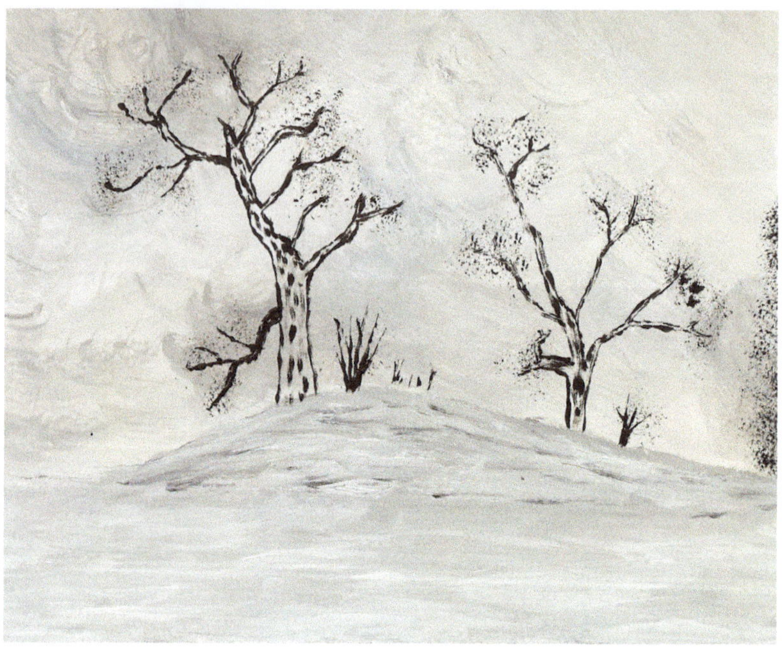

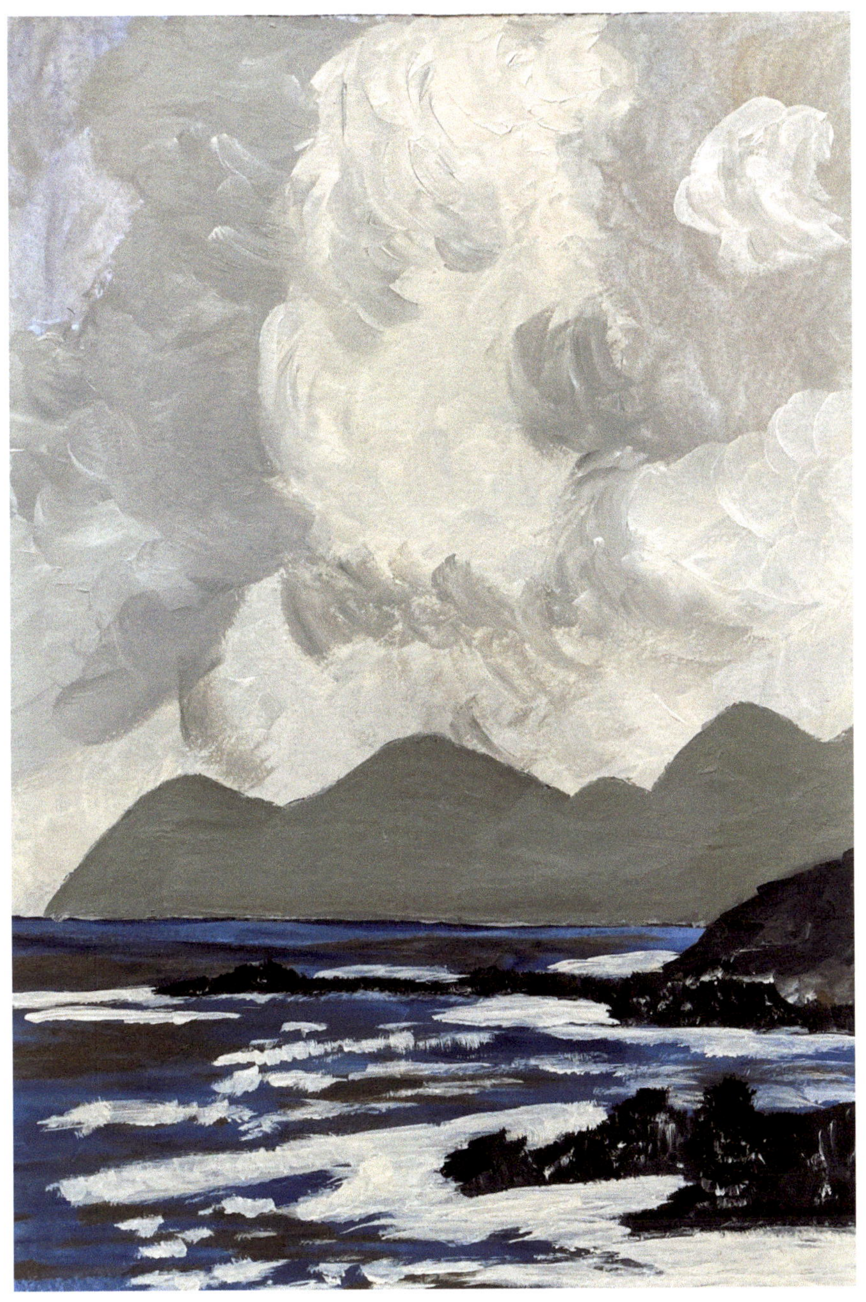

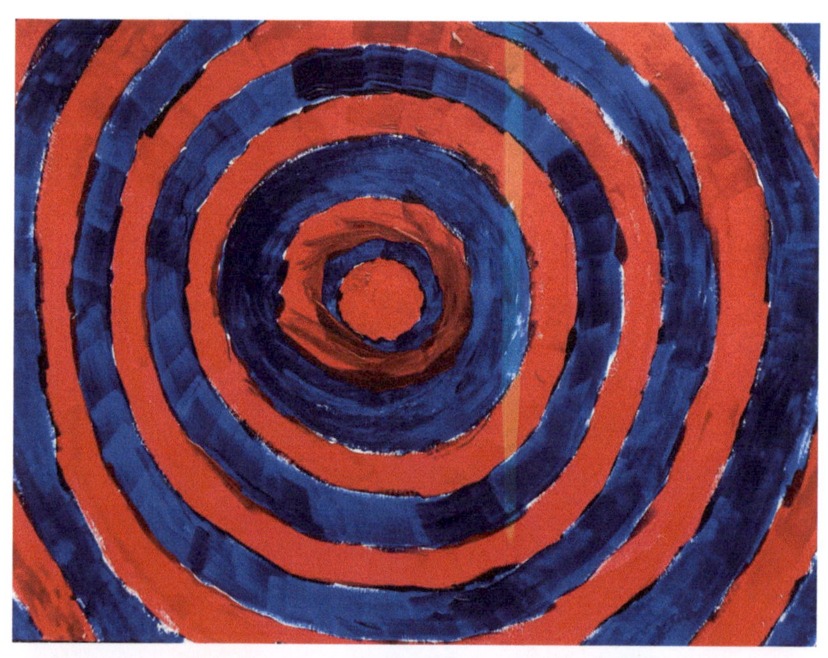

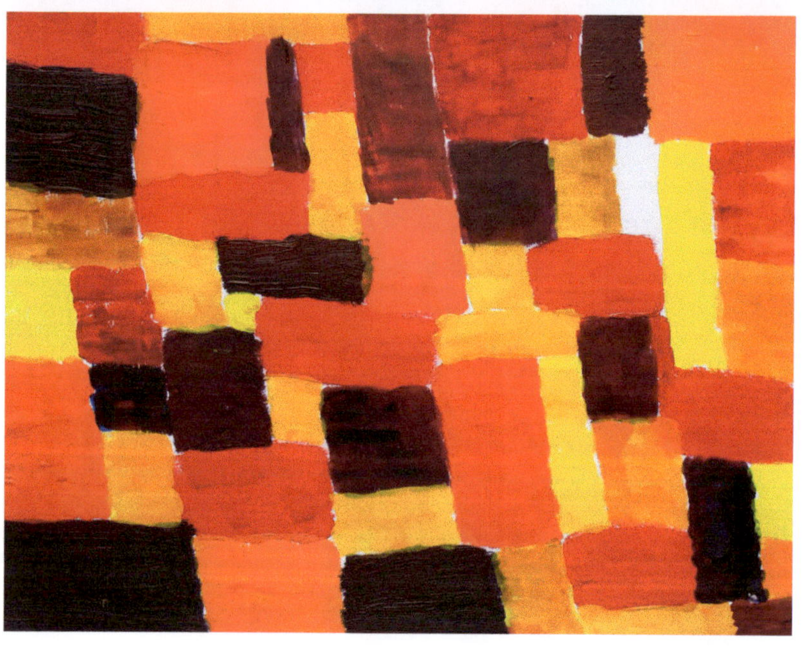

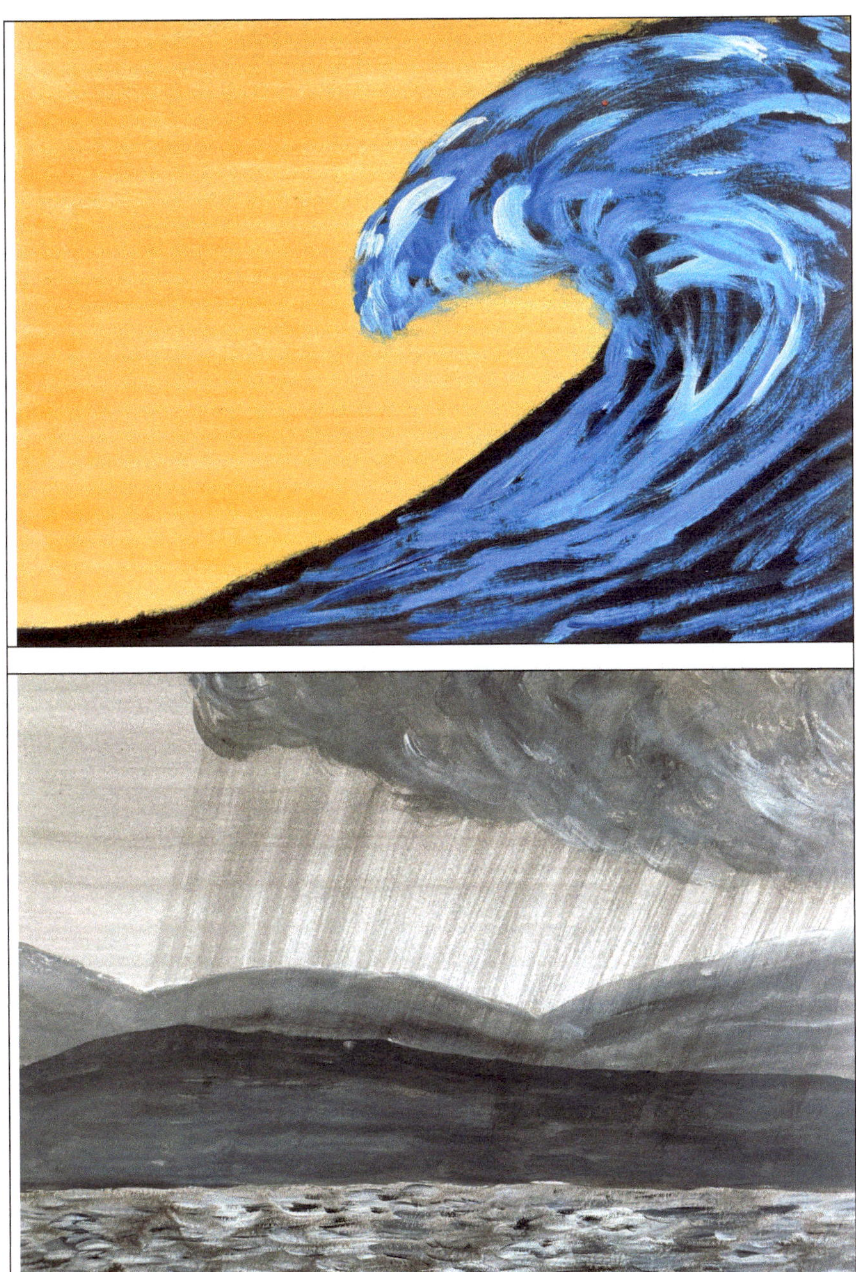

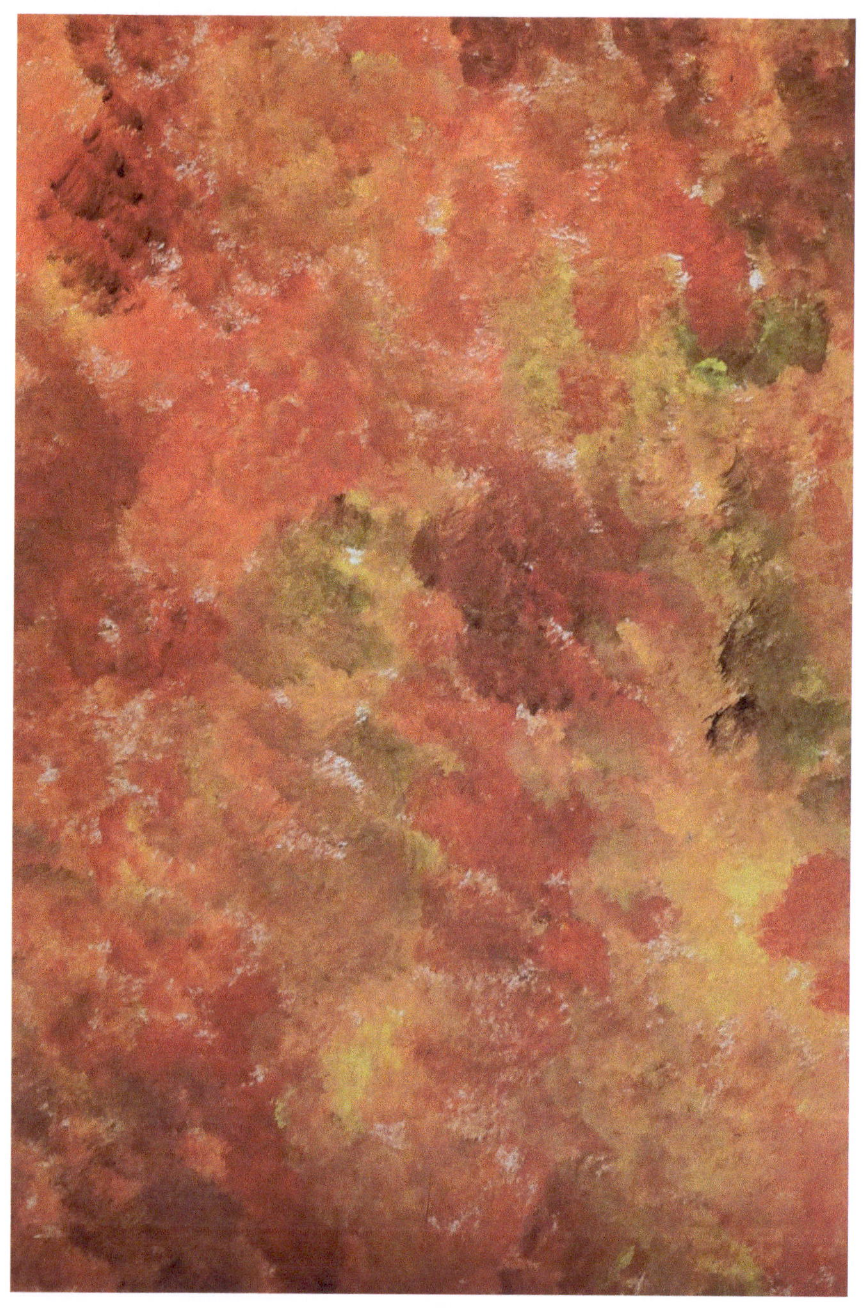

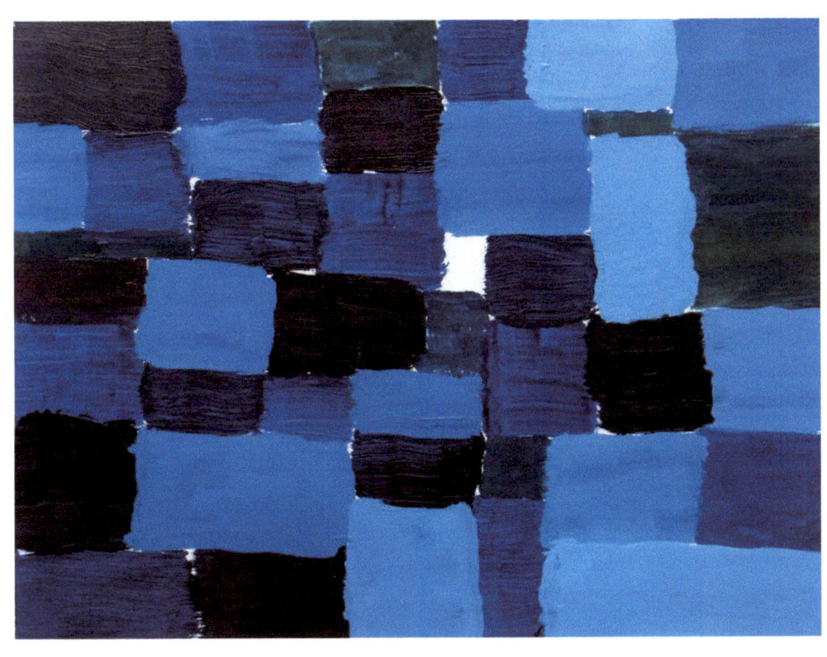

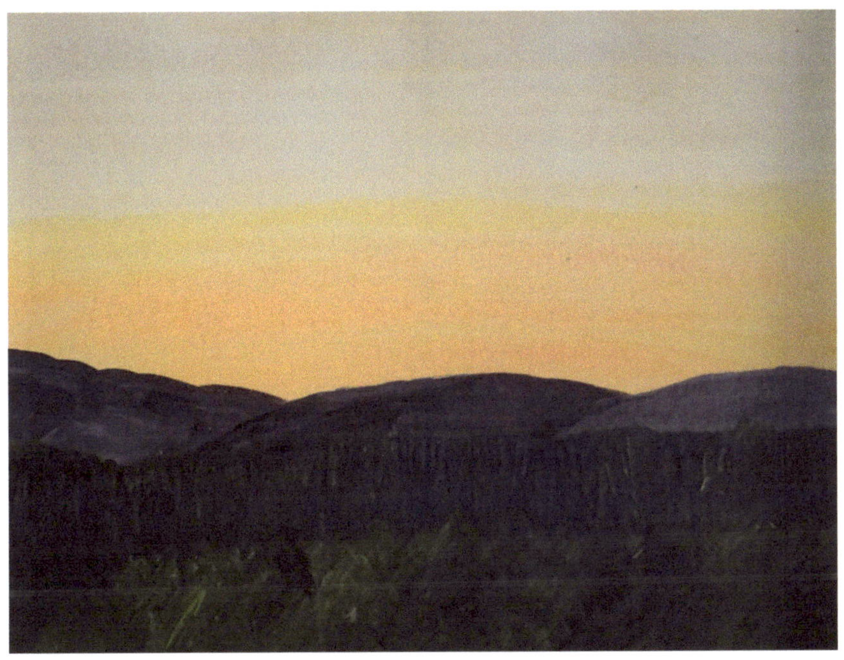

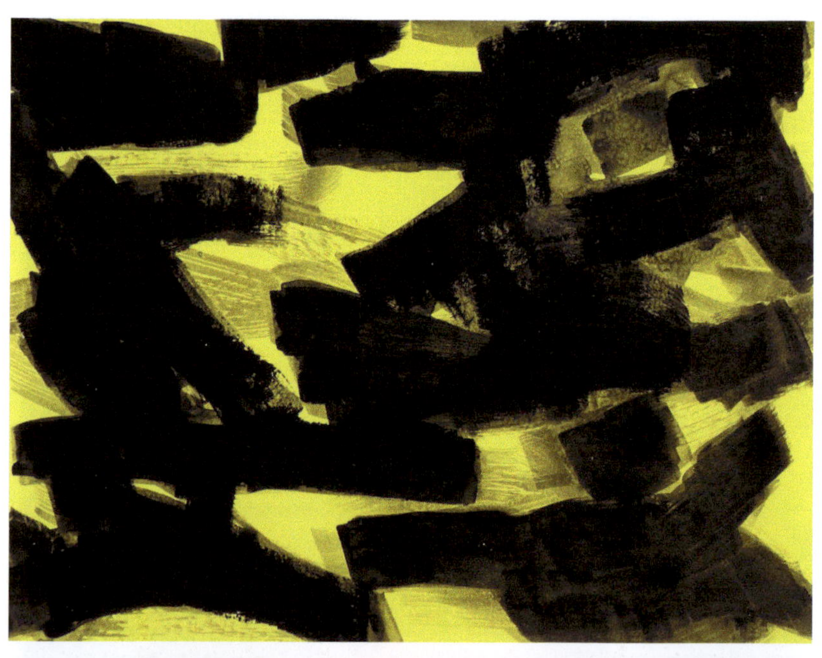

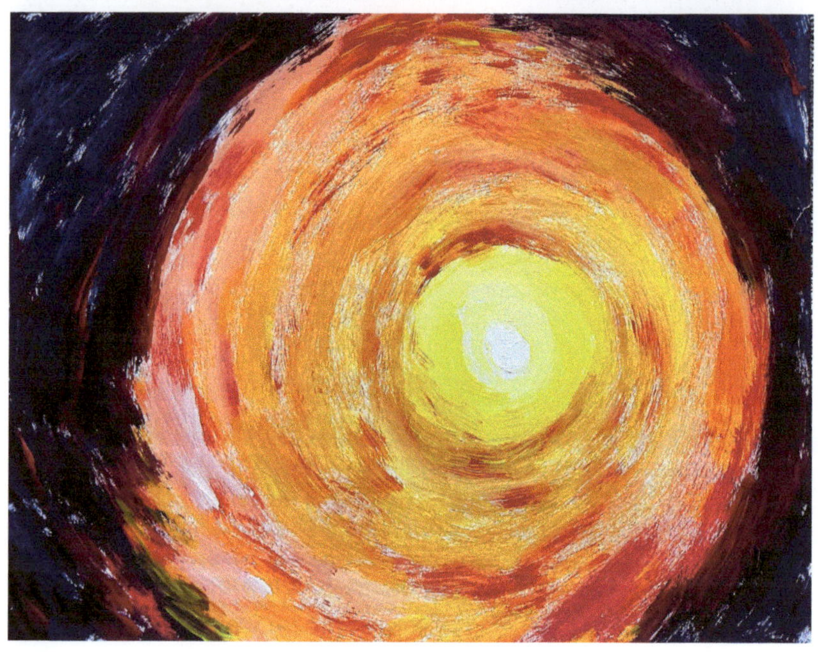

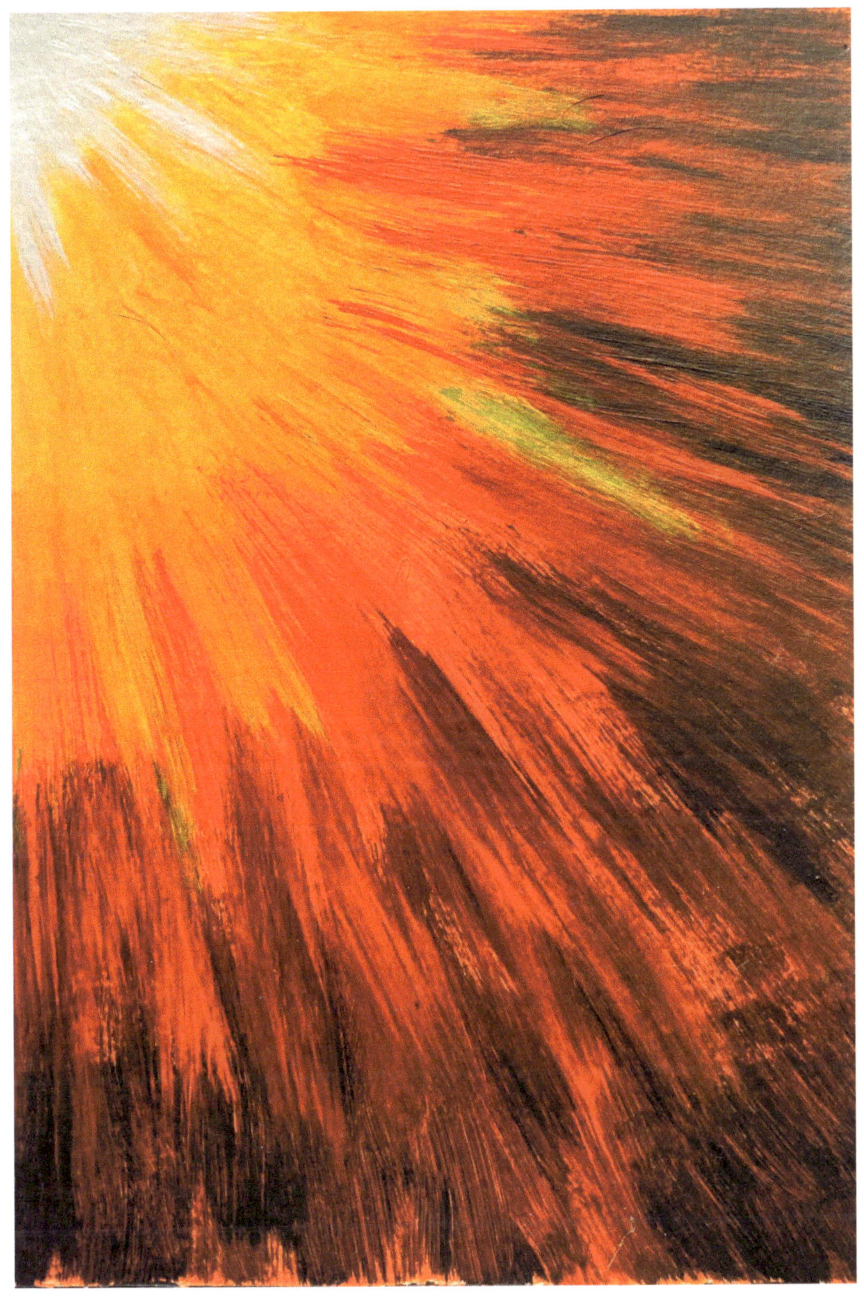

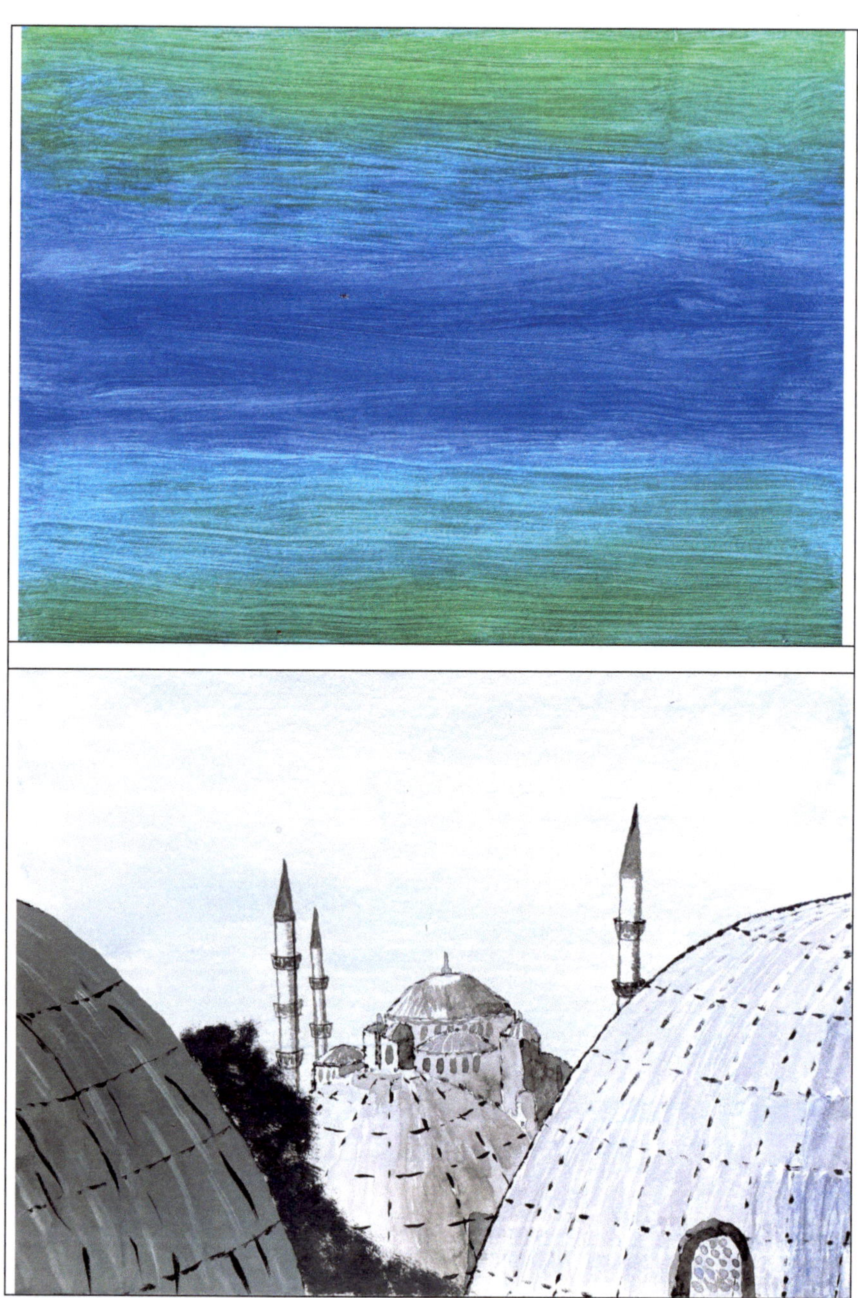

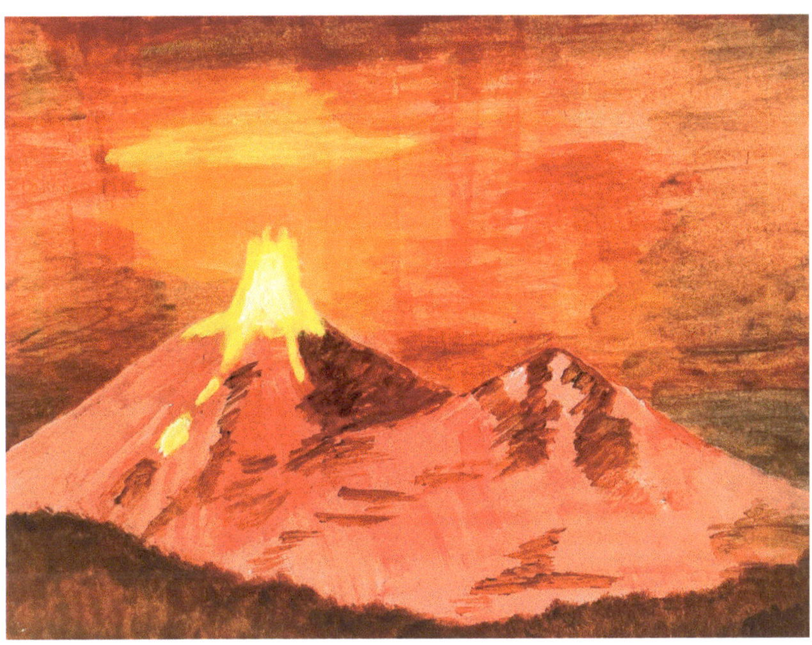

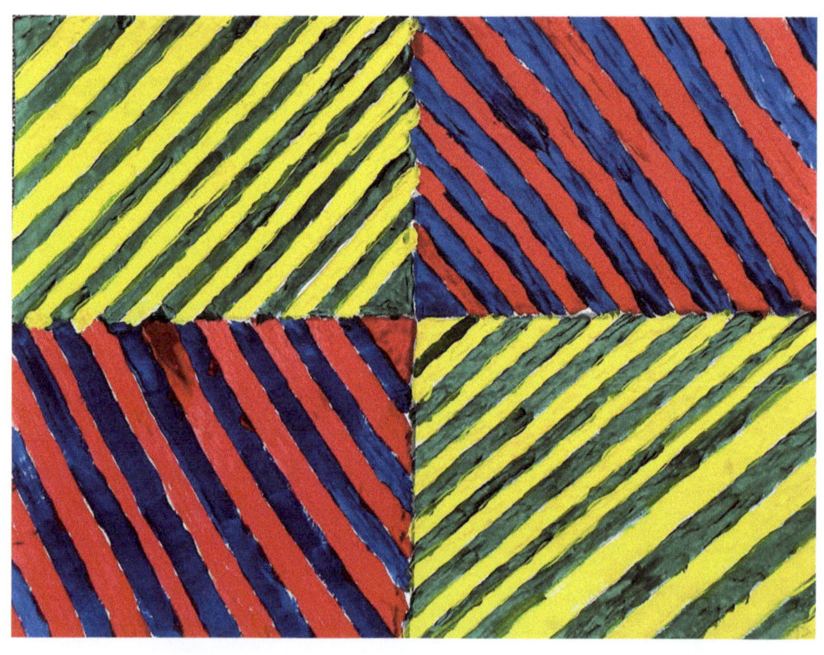

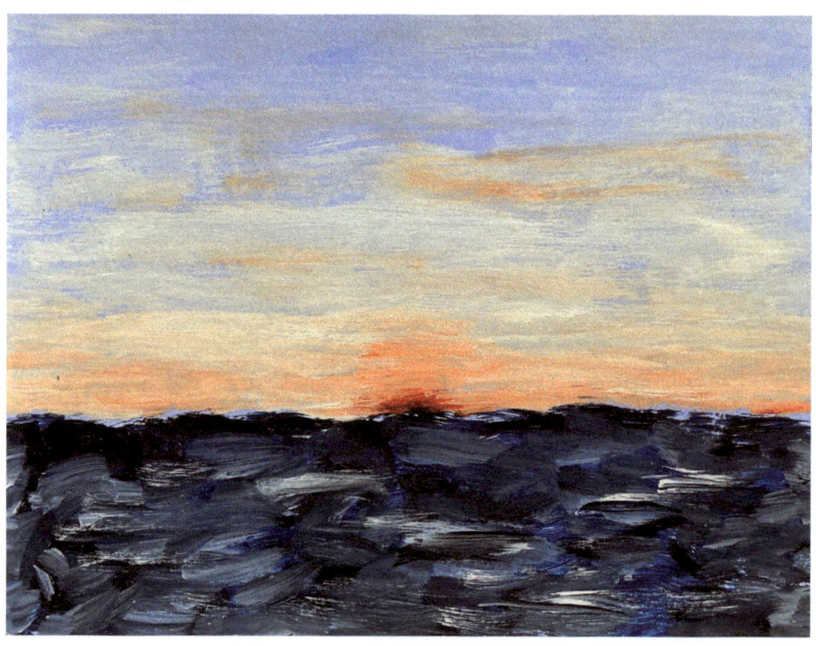

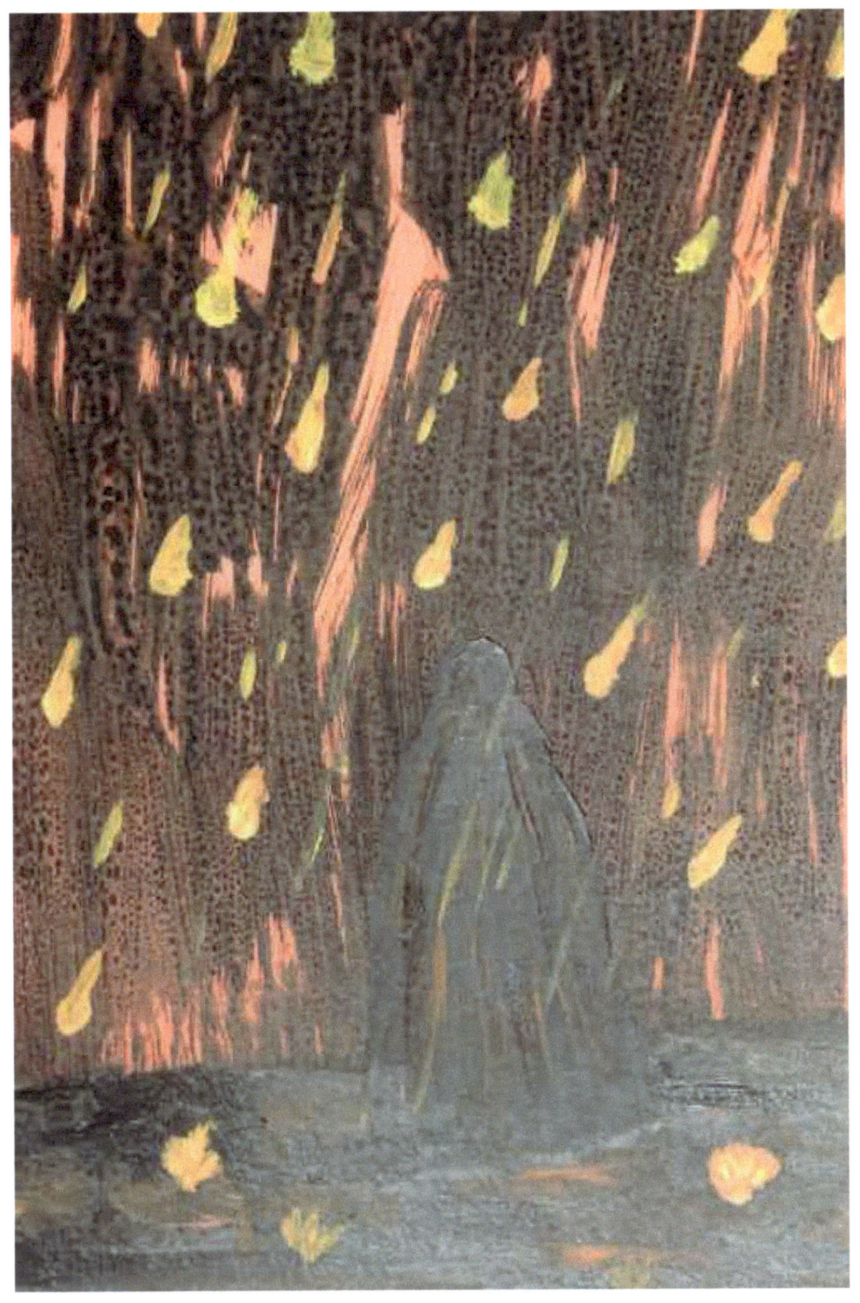

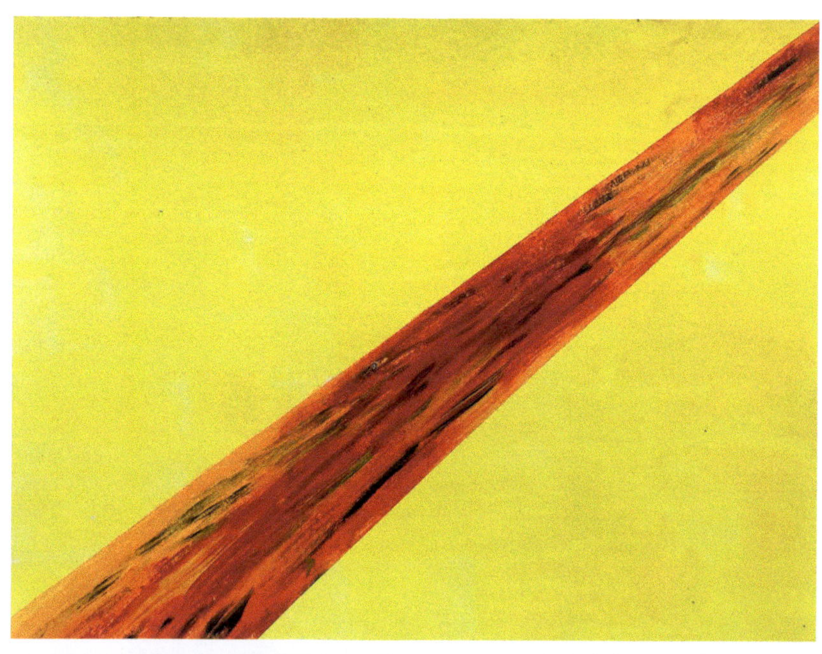

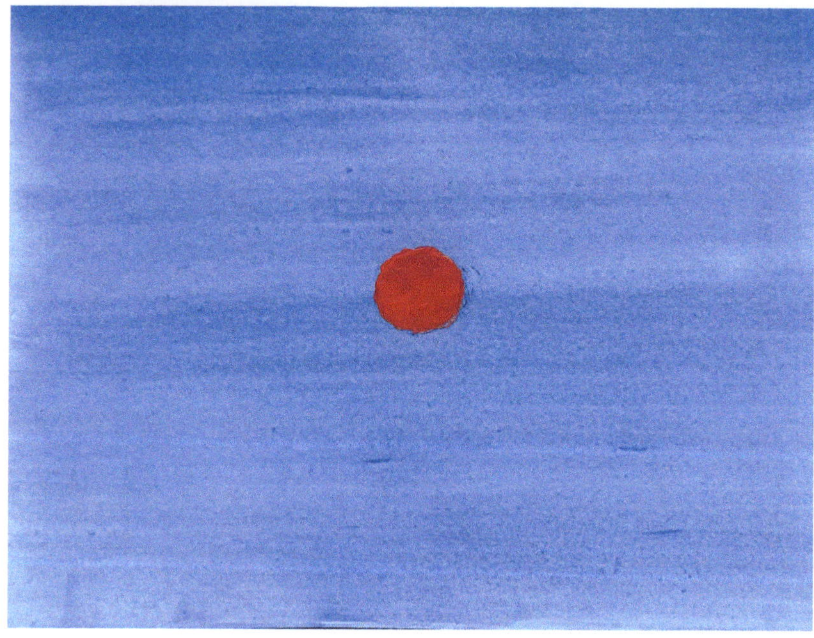

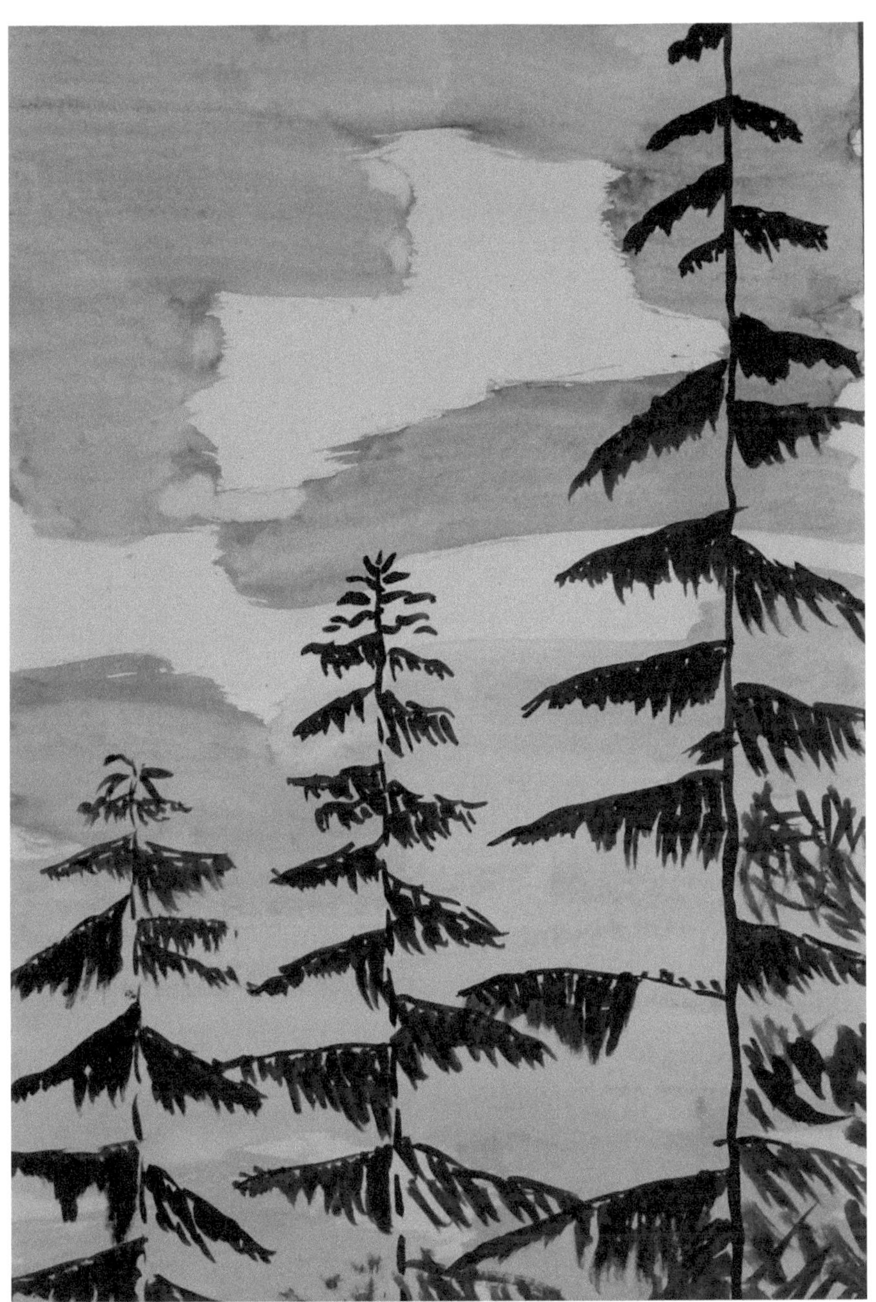

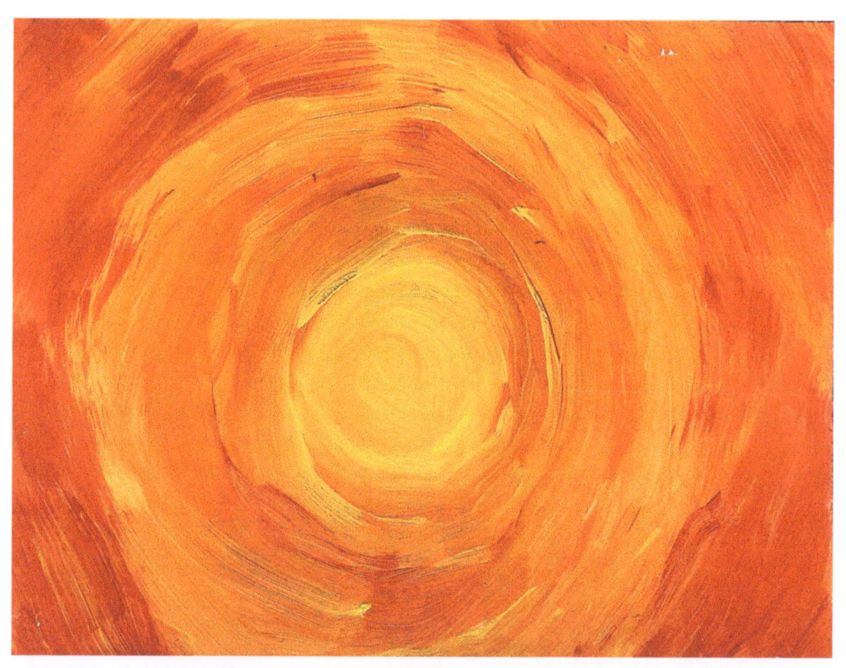

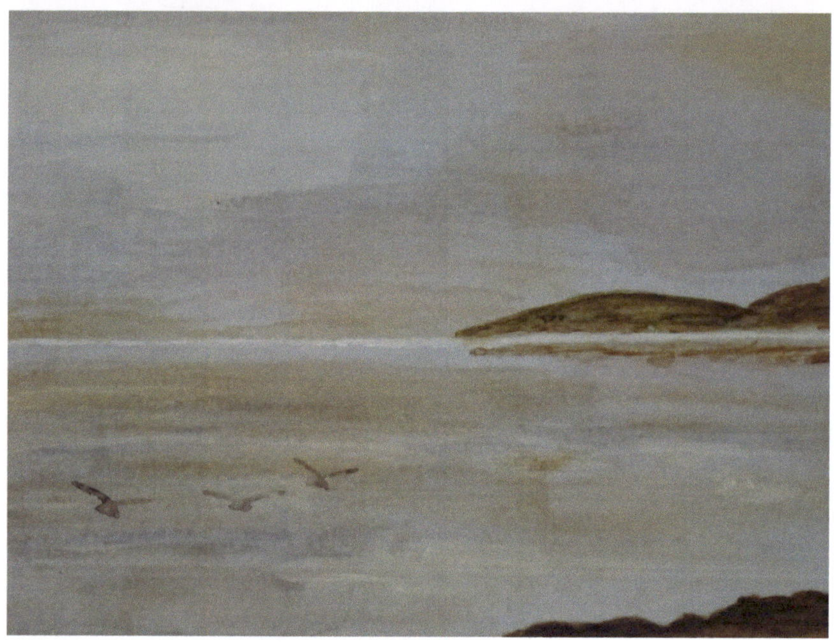

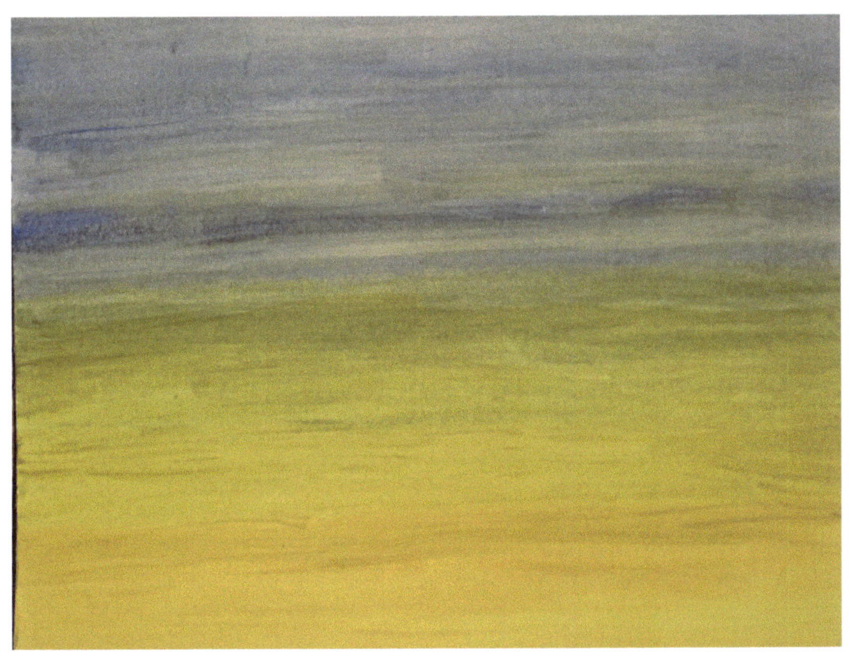

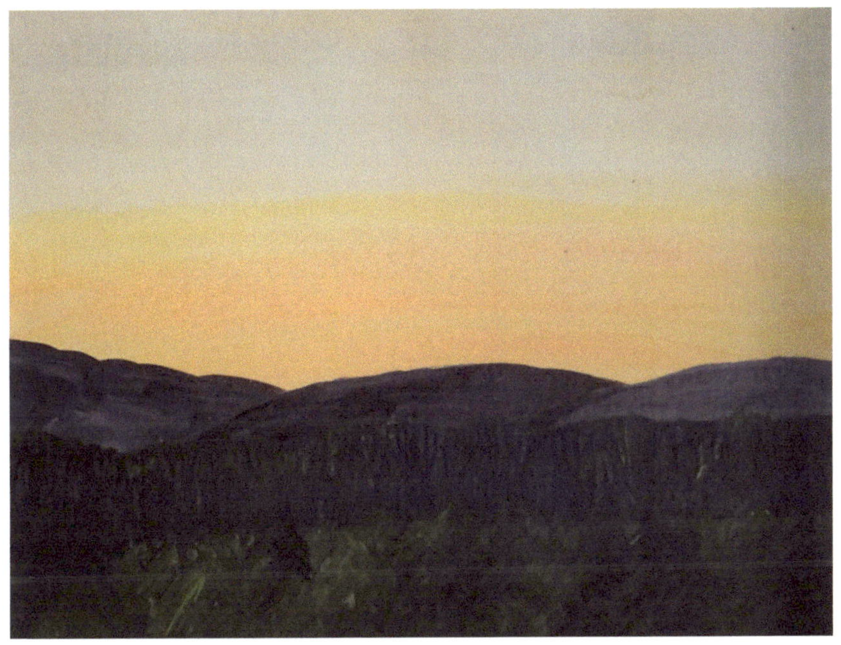

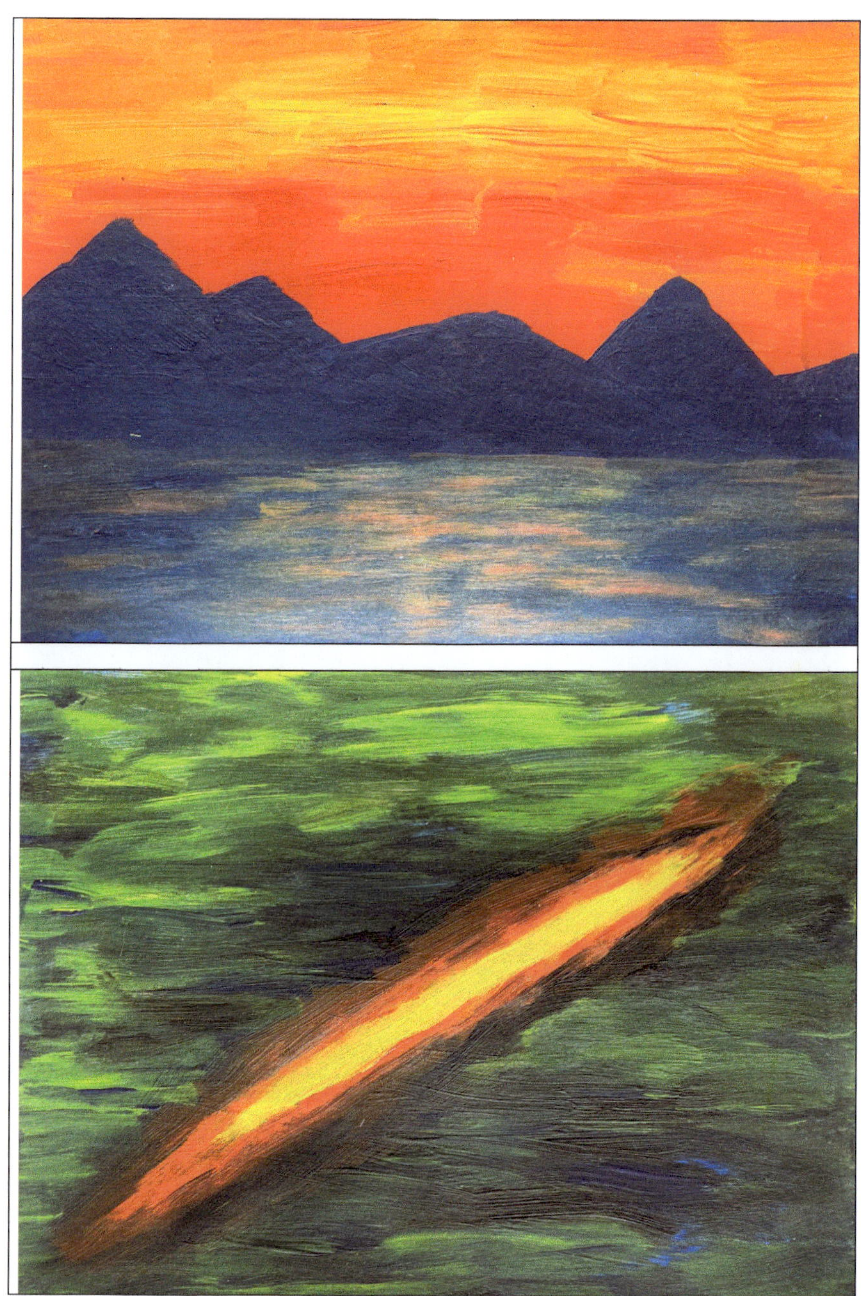

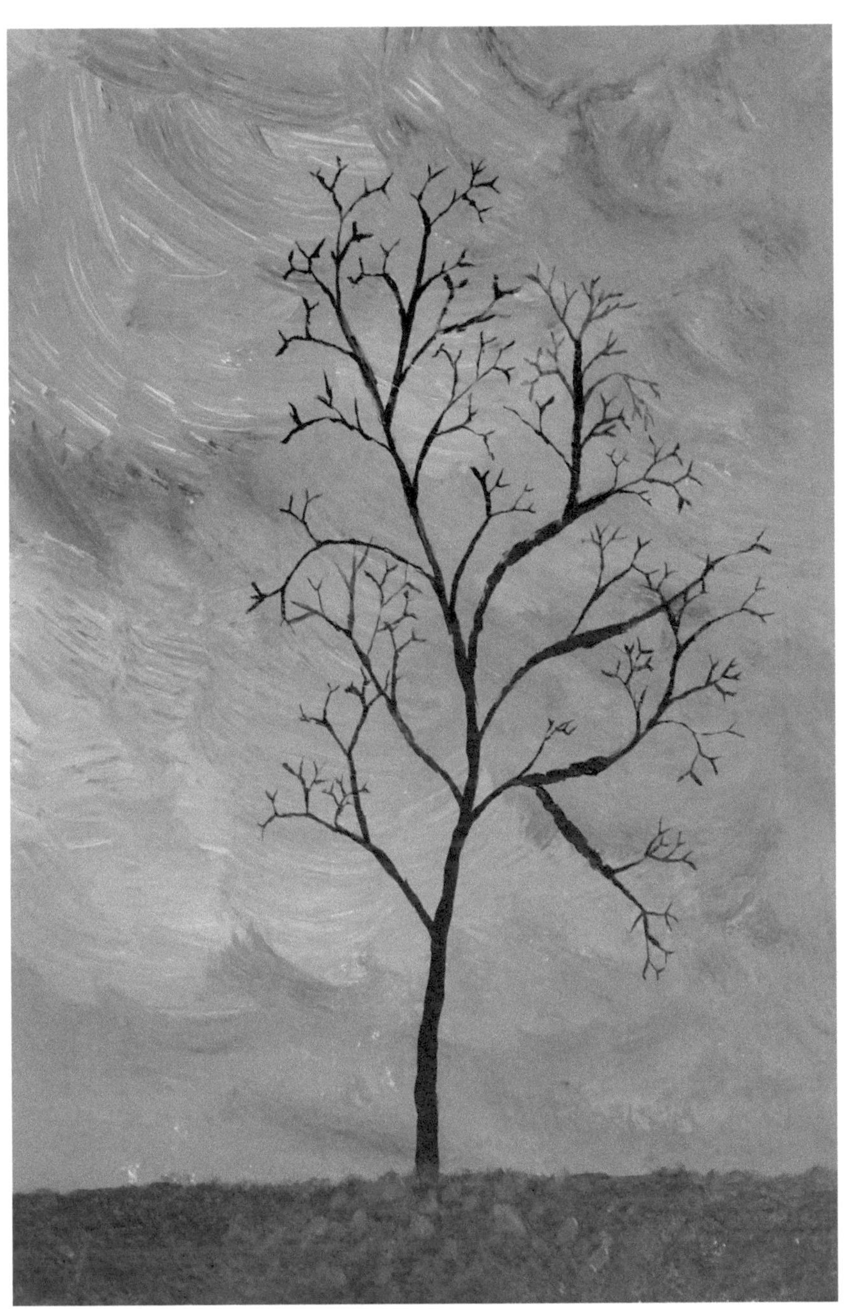

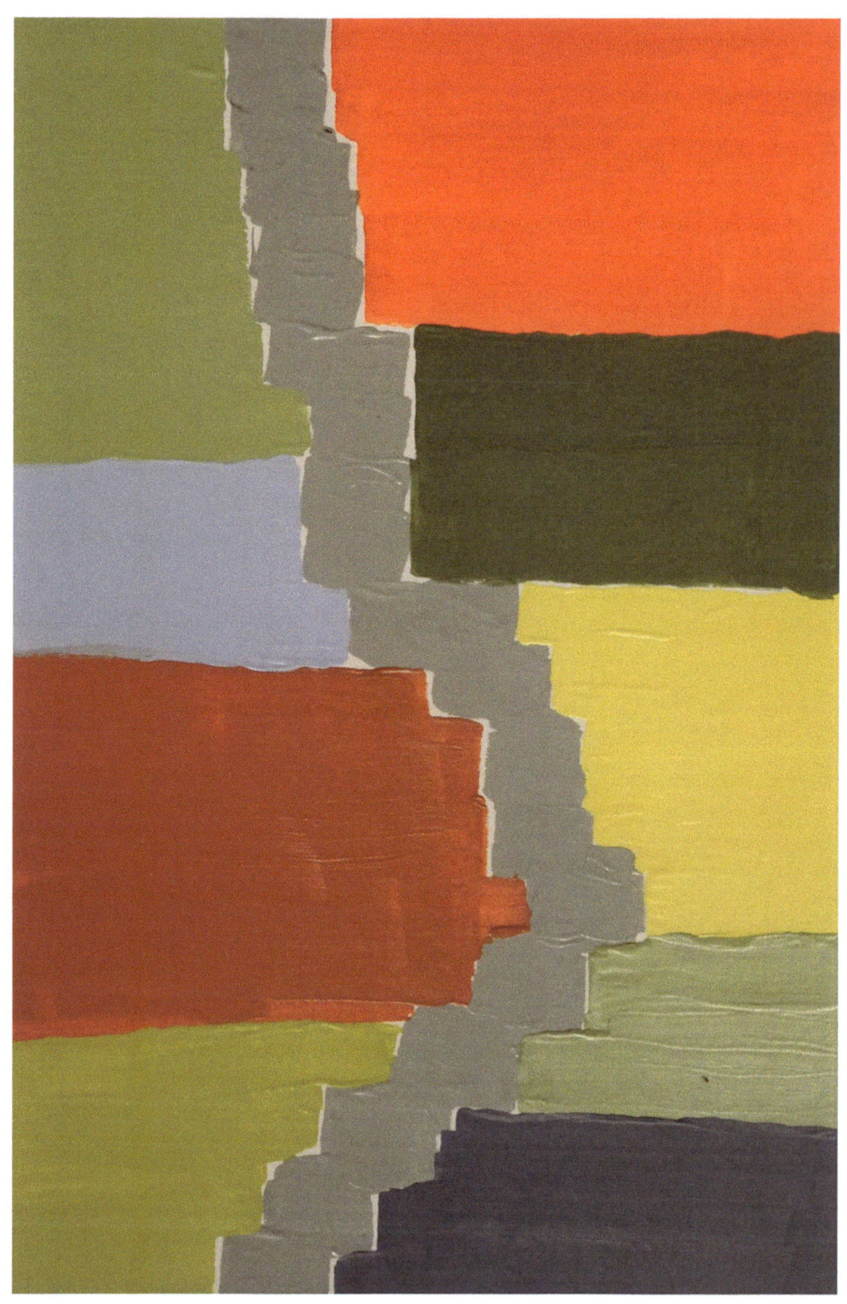

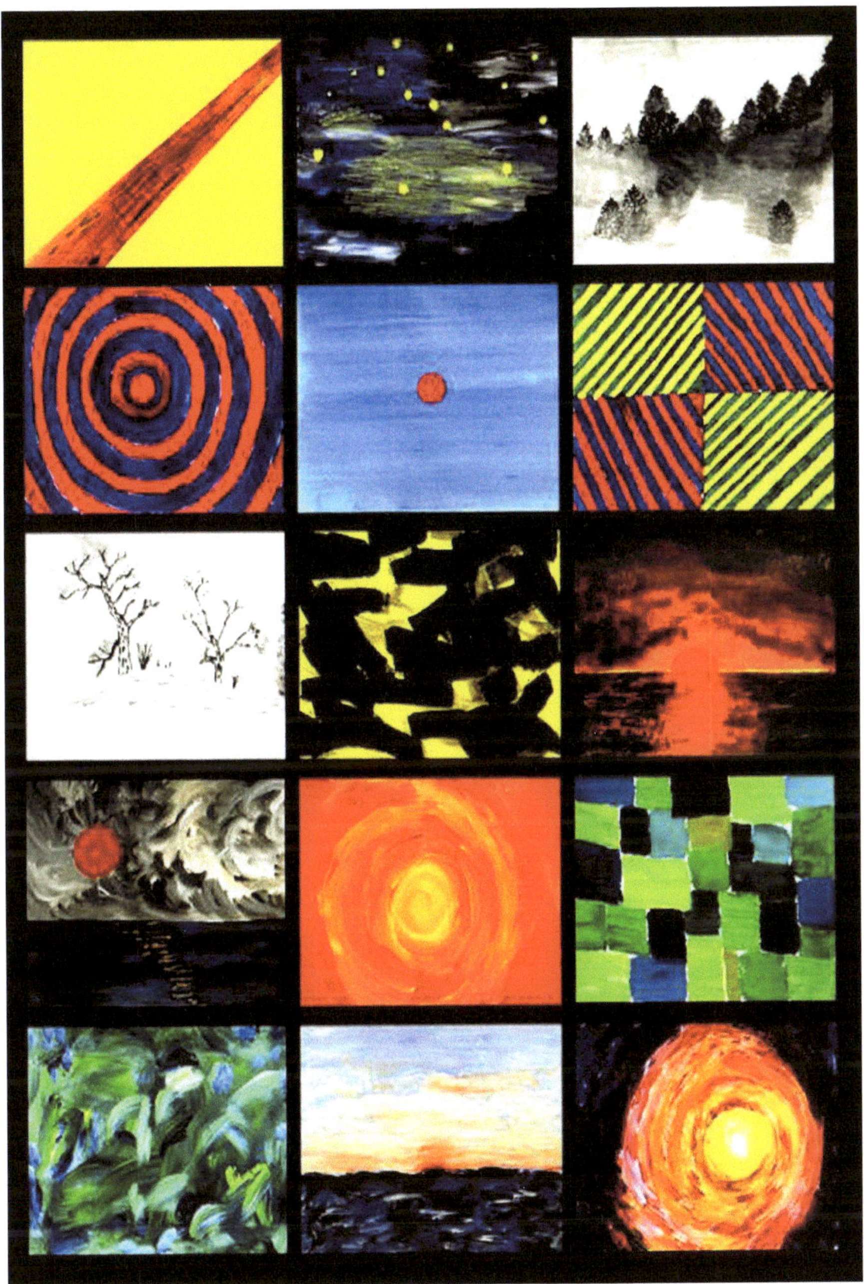

Wanderbücher:

Franz Josef E. Becker: Wasserwege im Rheinland, Bachem Verlag 2017
(vergriffen)
Franz Josef E. Becker: Leichtfüßig Wandern, Bachem Verlag 2018 (ver-
griffen)
Franz Josef E. Becker: Wald in Köln, Gaasterland-Verlag 2019
Franz Josef E. Becker: Erus jonn en Kölsche Veedel I, Tredition 2021
Franz Josef E. Becker: Ausblicke - Weitblicke, Wandern in Bergland und
Rheinebene, Books on Demand 2022